Katrin Klöckner

Schulgarten – wie geht denn das?

Eine Lernwerkstatt für Klasse 2 und 3

WERKSTATTLERNEN
SACHUNTERRICHT

Die Umwelt liegt uns am Herzen! Konkret bedeutet das: Wir verwenden ausschließlich recyceltes Papier und vermeiden Plastik, wo es möglich ist. Dieses Produkt wurde aus diesem Grund nicht eingeschweißt. Auch haben wir bei der Herstellung des Umschlags auf eine Cellophan-Schicht verzichtet. Alle in diesem Produkt verwendeten Papiere bestehen zu mindestens 50 % aus Recyclingfasern. Das Inhaltspapier dieses Buches ist gemäß DE-UZ 14a Blauer-Engel-zertifiziert.

Wir haben uns für die Schreibweise mit dem Sternchen entschieden, damit sich Frauen, Männer und alle Menschen, die sich anders bezeichnen, gleichermaßen angesprochen fühlen. Aus Gründen der besseren Lesbarkeit für die Schüler*innen verwenden wir in den Kopiervorlagen das generische Maskulinum. Bitte beachten Sie jedoch, dass wir in Fremdtexten anderer Rechtegeber*innen die Schreibweise der Originaltexte belassen mussten.

3. Auflage 2025

Autor*innen Katrin Klöckner
Redaktion Lernbiene
Coverillustration Eva Houben
Illustrationen Eva Houben, Anja Freudiger, Eva Ehlers
Satz Typographie & Computer, Krefeld
Druck und Bindung Joh. Walch GmbH & C. KG, Augsburg

ISBN 978-3-95664-687-6
www.lernbiene.de

Inhalt

Der Band enthält digitales Zusatzmaterial zum Download. Die Benutzerhinweise zum Download des Zusatzmaterials und den entsprechenden Zusatzcode finden Sie am Ende des Buches.

Schulgarten – wie geht denn das?

von Katrin Klöckner
mit Illustrationen von Eva Houben

Kinder im Grundschulalter sind begeistert von der Natur. Sie sind neugierig, wollen forschen, entdecken und alles selbst ausprobieren.
Erde umgraben, Samen ausstreuen, gießen – das alles macht Kindern Freude und kommt ihrem Bewegungsdrang entgegen. Die Freude über das erste Grün, das aus der Erde sprießt, ist groß. Und was gibt es draußen nicht alles zu beobachten, zu fragen, zu entdecken und zu lernen! Die Möhre, selbst aus der Erde gezogen, selbst geerntet, ist die schönste Belohnung und das Staunen ist groß, selbst wenn die Möhre winzig geblieben ist. Da wird jeder Gemüse-Muffel zum Möhrenliebhaber: Das hab ich selbst gesät und gepflegt. Ich habe beobachtet, wie es wächst und jetzt kann man das tatsächlich essen!

Sie möchten Ihren Schüler*innen auch gern diese Begeisterung am Gärtnern vermitteln, haben aber keinen Schulgarten? – Dann legen Sie eben einen an!
Der Garten muss gar nicht groß sein, ein kleiner Platz wird sich sicher auf jedem Schulgelände finden. Fragen Sie bei der Schulleitung und bei der*dem Hausmeister*in nach. Wenn Sie deren Einverständnis haben, fragen Sie bei den Kolleg*innen nach – vielleicht haben ja auch andere Klassen Lust, einen Schulgarten anzulegen und möchten bei der Gartenarbeit mithelfen.
Suchen Sie zunächst mit Kolleg*innen, Hausmeister*in und Schulleitung nach einem geeigneten Ort auf dem Schulgelände, an dem der Schulgarten entstehen kann, bevor Sie Ihre Schüler*innen in den Plan einweihen. Ist der Ort gefunden, so legen Sie sich eine Liste an, sodass Sie einen Überblick bekommen, welche Dinge in welcher Reihenfolge getan werden müssen.

- Gibt es vielleicht schon einen Schulgarten auf Ihrem Schulgelände, der aber nicht mehr genutzt wird und verwildert ist? Dann bietet es sich an, diesen Schulgarten neu zu beleben.

  Finden Sie (ggf. mithilfe eines Bestimmungsbuches) heraus, welche Pflanzen dort wachsen. Welche sollen bleiben? Wie müssen sie gepflegt werden?
- Wird der Schulgarten ganz neu angelegt, so schauen Sie sich das Gelände genau an: Muss nur eine Rasenfläche umgegraben werden oder sind zuvor Büsche zu entfernen? Können die Büsche eventuell umgesetzt werden und die Begrenzung des Schulgartens bilden? Müssen Steine entfernt werden? Wie groß sind diese, benötigen Sie Hilfe, um sie zu bewegen? Können diese Steine eventuell als Begrenzung des Schulgartens weiterverwendet werden? Wenn Sie einen Überblick über alle zu verrichtenden

Tätigkeiten gewonnen haben, scheuen Sie sich nicht, sich Hilfe zu holen:

- Gibt es an Ihrer Schule eine*n Hausmeister*in, die*der gerne bei solchen Arbeiten behilflich ist?
- Gibt es an Ihrer Schule eine gute Elternmitarbeit? Dann holen Sie die Eltern mit ins Boot! Verfassen Sie einen Elternbrief, in dem Sie Ihr geplantes Schulgartenprojekt vorstellen, und bitten Sie um Mitarbeit. Vielleicht kann daraus sogar ein kleines Klassenfest mit Unterhaltungsprogramm und kaltem Buffet für die Kinder werden?
- Gibt es Kolleg*innen, die auch gerne den Schulgarten nutzen möchten und bereit sind, ihre Freizeit zu „opfern", um mit Ihnen gemeinsam die ersten Vorbereitungen zu treffen?

Sobald die groben Vorarbeiten erledigt sind, sind Ihre Schüler*innen an der Reihe: Kleine Steine tragen und aufstapeln macht Kindern Spaß. Erde mit dem Spaten umgraben ist ebenfalls eine Tätigkeit, die gut von Schüler*innen ausgeführt werden kann. (Je nachdem, wie hart der Boden ist, muss die Erde aber bereits vorbereitet sein – vielleicht von den Eltern bereits erstmalig umgegraben?)

Wann ist nun die beste Zeit, um einen Schulgarten anzulegen?
Eigentlich können Sie während der kompletten frostfreien Periode im Schulgarten arbeiten).
Nutzen Sie also die frische Motivation und beginnen Sie sofort!

Wenn der Ort für den Schulgarten gefunden und umgrenzt ist, stellt sich die Frage:
Was kann ich jetzt, zu dieser Jahreszeit, pflanzen oder aussäen?
Die folgende Tabelle kann einen kurzen Überblick vermitteln:

Beispiele für Samen, die im Schulgarten gesät werden können:

Monat	Pflanzen
Februar	Möhren, Petersilienwurzel, Schnittlauch
März	Kornblume, Lavendel, Möhren, Oregano, Petersilie, Pfefferminze, Ringelblumen, Schnittlauch, Zitronenmelisse
April	Dill, Fenchel, Kamille, Kresse, Lavendel, Oregano, Petersilie, Pfefferminze, Schnittlauch, Zitronenmelisse
Mai	Dill, Kamille, Kapuzinerkresse, Kresse, Lavendel, Oregano, Petersilie, Pfefferminze, Schnittlauch, Zitronenmelisse
Juni	Dill, Fenchel, Kamille, Kapuzinerkresse, Kresse, Lavendel, Petersilie, Pfefferminze, Schnittlauch, Zitronenmelisse

Juli	Dill, Kamille, Kapuzinerkresse, Kresse, Möhren, Petersilie, Schnittlauch, Zitronenmelisse
August	Dill, Kresse, Möhren, Petersilie, Radieschen, Schnittlauch, Zitronenmelisse
September	Kresse, Radieschen
November	Möhren

- Falls Sie im Frühjahr mit der Schulgartenarbeit starten, können Sie Ihre Schüler*innen darauf hinweisen, dass es nun überall in der Natur anfängt, zu grünen und zu blühen.
- Falls Sie im Sommer mit der Schulgartenarbeit starten, können Sie mit Ihren Schüler*innen die vielen farbenfrohen Sommerblumen betrachten und die Kinder so für die Arbeit am Schulgarten motivieren.
- Falls Sie im Herbst mit der Schulgartenarbeit starten, bietet das Erntedankfest einen guten Anlass, über Obst und Gemüse nachzudenken: Woher kommt das Obst und Gemüse, wie heißen die einzelnen Sorten? Können wir selbst auch so etwas anbauen und im nächsten Jahr hier auf den Erntedanktisch legen?
  Im Herbst können auch Zwiebeln für Frühlingsblumen in den Boden gesteckt werden.
- Falls Sie mit der Schulgartenarbeit im Winter starten, bietet es sich an, zunächst im Klassenraum auf der Fensterbank mit dem Pflanzen zu beginnen. Sobald das Wetter es erlaubt, können Sie die Pflänzchen in den Schulgarten umsiedeln.
  Bepflanzen können Sie hierbei fast alles, es müssen nicht unbedingt Blumenkästen und Blumentöpfe sein: Von leeren Joghurtbechern bis hin zu ausrangierten Gummistiefeln ist alles möglich.

Beispiele für Samen, die das ganze Jahr über in Töpfen auf der Fensterbank ausgesät werden können: Basilikum, Bohnenkraut, Borretsch, Dill, Estragon, Keimsprossen, Kerbel, Kresse, Lavendel, Majoran, Oregano, Petersilie, Pfefferminze, Rosmarin, Salbei, Schnittlauch, Thymian, Zitronenmelisse.

Probieren Sie einfach aus, wozu Sie Lust haben: Der Weg ist das Ziel.

Allgemeine Hinweise zur Lernwerkstatt

Das Material ist für die Klassen 2 und 3 konzipiert. Einige Arbeitsblätter gibt es in einer leichteren und einer schwereren Variante. Eine Handschaufel markiert die leichtere Variante, zwei Handschaufeln markieren die schwerere Variante.

Hinweise zu einzelnen Stationen

Zu Station 3:
Der lange Text ist die Originalfassung des Grimm'schen Märchens. Vermutlich müssen hier einige Wörter erklärt werden. Weisen Sie Ihre Schüler*innen auch ggf. darauf hin, dass der Text nicht der heutigen Rechtschreibung entspricht. (Falls gewünscht, können die „Fehler" im Text gesucht und „berichtigt" werden. Es kann sich ein Gespräch darüber anschließen, wie sich Sprache und Rechtschreibung immer wieder verändern.)

Zu Station 9:
Sie können das Arbeitsblatt Teil 1 vorbereitend mehrmals auf verschiedenfarbiges Papier kopieren, die Seiten laminieren und die Kärtchen ausschneiden. Dann können die Kinder sofort mit dem Sortieren beginnen. Laminierte Kärtchen halten länger, und die verschiedenen Farben sorgen dafür, dass die Kärtchen nicht durcheinandergeraten.

Zu Station 11:
Vorsicht beim Einfangen der Insekten! Es sollten möglichst weder Mensch noch Tier verletzt werden. Becherlupen oder leere Einmachgläser leisten hier gute Dienste.

Materialliste

Gartenutensilien:

- Etwa 20 helle Blumen: Tulpen sind am besten geeignet, da sie das Wasser schnell aufsaugen. Das Experiment funktioniert aber auch mit Nelken und Rosen.
- Erbsen: Es werden mindestens so viele benötigt, wie es Kinder in der Klasse gibt, plus ein paar Erbsen als Ersatz.
- Torftabletten: Es werden mindestens so viele benötigt, wie es Kinder in der Klasse gibt, plus ein paar Tabletten als Ersatz.
- Bohnen: Es werden mindestens so viele benötigt, wie es Kinder in der Klasse gibt, plus ein paar Bohnen als Ersatz.
- Mehrere kleine Gießkannen für den Klassenraum: Lassen Sie diese von den Kindern privat mitbringen. Es eignen sich auch Messbecher oder leere Getränkeflaschen.
- 3 Blumentöpfe mit Margeriten oder anderen Blumen der gleichen Sorte
- Samentütchen: Kamille, Radieschen, Kresse, Möhren
- Junge Pflänzchen im Topf: Margeriten, Walderdbeeren
- 5–6 Eimer: In diesen werden bspw. Schnecken gesammelt.
- 3 Gartenscheren: Mehr als drei Kinder, die gleichzeitig schneiden, lassen sich schlecht beobachten.
- Bechergläser: Falls die ganze Klasse gemeinsam ein Tier betrachtet, reicht ein Becherglas. Falls die Kinder in Gruppen arbeiten, werden 4-5 Bechergläser benötigt.

- 5–6 Schaufeln
- 5–6 Spaten
- 2 Blumentöpfe mit einem Loch im Boden + Untersetzer für diese Blumentöpfe (z. B. Teller)
- 2 kleine Zweige: Diese können die Kinder draußen suchen.
- Gartenerde: Diese sollte für 2 Blumentöpfe ausreichen.
- Gartenhandschuhe: Diese können von den Kindern privat mitgebracht werden. Manchmal erhält man diese auch als Geschenk von einer Blumenhandlung oder einem Gartencenter. Gummihandschuhe sind ggf. auch geeignet.
- Gartenschlauch: Fragen Sie entweder den*die Hausmeister*in oder bringen Sie den Gartenschlauch selbst mit.
- Große Gießkannen für draußen: Fragen Sie entweder den*die Hausmeister*in oder bringen Sie die Gießkannen selbst mit.
- 5–6 Harken
- 1 Rechen
- Etwa 3 Schubkarren: Lassen Sie diese von den Kindern privat mitbringen.
- Zaun: Mit diesem soll der Schulgarten umzäunt werden. Die Art des Zauns sollte mit der Schulleitung, den Kolleg*innen und dem*der Hausmeister*in abgesprochen werden.

Büroutensilien:

- Blaue Tinte: Es empfiehlt sich, ein Tintenfass und eine Pipette zu nutzen. Tintenpatronen sind aber auch möglich.
- Wasserfeste Stifte zum Beschreiben der Behältnisse
- Notizblöcke und Schreibunterlagen für die Dokumentation
- Saubere Schere für die Kresse

Küchenutensilien:

- 1 Packung Kochsalz
- Etwa 6 Gläser als Blumenvasen: Dafür eignen sich unter anderem leere Marmeladengläser.
- Kleine Teller/Schüsseln/Gläser als Unterlage für die Torftabletten und Wattebäusche: Es werden mindestens doppelt so viele benötigt, wie es Kinder in der Klasse gibt. Es eignen sind auch leere Marmeladengläser, Joghurtbecher, Blumentöpfe usw.
- Küchenrolle und Lappen zum Aufwischen
- Teller
- Brotmesser
- Buttermesser
- Obstmesser
- Brettchen
- Kochtopf für die Pellkartoffeln

Lebensmittel:

- 2 Laibe Brot
- Margarine oder Butter
- Obst
- Quark
- Milch
- Salz
- Pfeffer
- Zucker
- Ggf. Zwiebeln

Sonstiges:

- 1–2 Packungen Watte: Jedes Kind soll ein Stück Watte bekommen.
- Mindestens 2 Thermometer: Mit diesen kann zeitgleich die Temperatur in der Sonne und im Schatten gemessen werden. Verwenden Sie keine Quecksilberthermometer!
- Wäschekammern: Diese werden benötigt, um Schilder für den Garten zu basteln. Die Namen der Pflanzen können auch auf dickes Papier geschrieben werden, das laminiert wird. Die laminierten Kärtchen müssen unten spitz zugeschnitten werden, sodass man sie gut in die Erde stecken kann.
- Fotoapparat
- Bestimmungsbücher (Insekten, Tiere im Garten, Blumen – siehe Literaturhinweise): Diese können aus verschiedenen Bibliotheken ausgeliehen oder von zuhause mitgebracht werden.

Hinweis zur Schrift

Das Material ist in einer Druckschrift für die Grundschule erstellt, damit die Kinder ein für sie gut erkennbares und eindeutiges Schriftbild vorfinden. Die verwendete Schriftart heißt „Auer Schulbuch". Die Schrift finden Sie zum Download im Zusatzmaterial. Sie wird Ihnen in den Worddateien nur dann angezeigt, wenn Sie sie in Ihrem Schriftenordner installiert haben. Ansonsten werden Ihnen die Übungen in Word automatisch in Ihrer eingestellten Standardschrift angezeigt. Natürlich haben Sie jederzeit die Möglichkeit, die Worddateien anzupassen. Da sie editierbar sind, können Sie das Material nach Belieben in Ihre bevorzugte Schriftart umändern.

Wir wünschen Ihnen viel Freude und Erfolg beim Einsatz der Werkstatt!

Kinderbücher:

- Disney, Walt: Winnie Puuh. Frühjahr im Hundert-Morgen-Wald. Erfahre mit Winnie Puuh etwas über die Jahreszeiten. Schneiderbuch, 1999.

  Erste, leicht verständliche Anleitung zum Anlegen eines Gartens.
  Weiteres Thema: Was wächst in einem Garten?

- Nordqvist, Sven: Aufruhr im Gemüsebeet. Oetinger, 1991.

  Geschichte über das Anlegen von Beeten und „Gefahren“, die den Beeten drohen können.
  Außerdem: Warum wachsen Fleischklößchen nicht in Beeten?

Sachbücher für Kinder:

- Björn, Christina / Anderson, Lena: Die schnellste Bohne der Stadt. Bertelsmann, München, 1978 (gebunden), 1997 (broschiert).

  Auswahlliste für den Deutschen Jugendliteraturpreis 1981.
  Interessante und überraschende Fakten über Zimmerpflanzen und Gartenpflanzen. Spannende Experimente für drinnen und draußen. Leicht verständlich durch viele Zeichnungen.

- Löwenzahn und Schmetterling: Ein Naturgartenbuch für Kinder. Dorling Kindersley, München, 2010.

  Detaillierte Anleitung zum Anlegen eines Naturgartens durch Kinder mit einfachen Mitteln.

- Vom Beet in den Topf: Ein Garten- und Kochbuch für Kinder. Dorling Kindersley, München, 2009.

  Reich bebilderte Anleitung zum Anpflanzen und zur Pflege von Gemüse.
  Zusätzlich: Viele leckere Gemüserezepte für Kinder, die sich leicht nachkochen und nachbacken lassen.
  Lustige Experimente zum Nachmachen.

Sachbuch für Erwachsene:

- Das große BLV Handbuch Garten. München, BLV, 2010.

  Umfassendes Nachschlagewerk zu allen Themen rund um den Garten.

Bestimmungsbücher:

- Alisch, Tatjana: Naturdetektive: Blumen, Gräser und Kräuter. Wissen und Beschäftigung für kleine Naturforscher ab 6 Jahren. Compact, 2010.

  Überprüft und empfohlen vom Bundesamt für Naturschutz.
  Kleines, kostengünstiges Büchlein zum Mitnehmen für unterwegs.

- Kanbay, Feryal: Naturdetektive: Insekten, Spinnen und Co. Wissen und Beschäftigung für kleine Naturforscher ab 6 Jahren. Compact, 2010.

  Überprüft und empfohlen vom Bundesamt für Naturschutz.
  Kleines, kostengünstiges Büchlein zum Mitnehmen für unterwegs.

- Lang, Angelika: Blumen: Die wichtigsten Arten entdecken und bestimmen. GU Naturführer 2012.

  Lässt sich aufgrund der Größe gut mitnehmen. Die Blumen sind nach Blütenfarben sortiert und können so leicht gefunden werden.

- Renner, Franz: Was krabbelt auf der Wiese? Ein Bestimmungsbuch für häufige Wiesentiere. Auer, 2005.

  Dank „Steckbriefsystem“ lassen sich die Tiere leicht finden. Für Kindergarten und Grundschule gut geeignet.

Links:

http://www.labbe.de/zzzebra/index.asp?themaid=555&titelid=2707

Kinder pflanzen Kartoffeln selbst an.

http://www.labbe.de/zzzebra/index.asp?themaid=555&titelid=691

Kinder pflanzen Kresse.

http://www.labbe.de/zzzebra/index.asp?themaid=555&titelid=689

Aus Gemüseenden einen „Gemüse-Urwald“ anlegen.

Laufzettel

Name: ______________________________

Station	erledigt	Unterschrift
1 – Mein Traumgarten		
2 – Experimente		
3 – Unter der Erde und über der Erde		
4 – Sonne und Schatten		
5 – Nass und trocken		
6 – Was wächst denn da?		
7 – Pflanzen-Steckbriefe		
8 – Gartenarbeit		
9 – Gartenwerkzeuge		
10 – Pflanzen zum Essen		
11 – Was fliegt denn da?		
12 – Was krabbelt denn da?		
13 – Vorbereitungen		
14 – Schulgarten anlegen: Wer macht was?		
15 – So haben wir den Schulgarten angelegt		
16 – So haben wir gesät und gepflanzt		
17 – Schulgarten pflegen: Wer macht was?		
18 – Entdeckungen im Schulgarten: Pflanzen		
19 – Ernte		
20 – Rezepte		

Station 1 – Mein Traumgarten

So geht es:

1. Stelle dir vor, du dürftest einen eigenen Garten anlegen – nur für dich allein! Wie würde dein Traumgarten aussehen? Male ihn.
2. Schreibe noch dazu, welche Pflanzen (Blumen, Bäume, Büsche, Kräuter, Gemüsepflanzen usw.) in deinem Garten wachsen.

Station 2 – Experimente

So geht es:

An dieser Station könnt ihr drei Experimente mit Pflanzen durchführen.

1. Lest euch den Versuchsaufbau genau durch.
2. Vermutet, was geschehen wird.
3. Führt die Experimente durch.
4. Notiert eure Ergebnisse auf den Arbeitsblättern.
5. Denkt beim Anlegen und Pflegen eures Schulgartens an das, was ihr hier gelernt habt.

Station 3 – Unter der Erde und über der Erde

So geht es:

1. Lies das Märchen auf dem ersten Arbeitsblatt.
Hinweis: Der lange Text ist der Original-Text, wie ihn die Brüder Grimm geschrieben haben. Damals hat man noch anders geschrieben und gesprochen.
2. Ergänze den Satz auf dem zweiten Arbeitsblatt.
3. Schau dir die Abbildungen auf dem zweiten Arbeitsblatt an.
   Kreuze bei jeder Pflanze den Teil an, den du essen kannst.
4. Kreuze in der Tabelle für jede Pflanze an,
   ob du den Teil essen kannst, der über oder unter
   der Erde wächst.

Station 4 – Sonne und Schatten

So geht es:

Arbeitet zu zweit oder zu dritt zusammen.

1. Holt euch Teil 1 der beiden Arbeitsblätter und nehmt dieses Arbeitsblatt mit auf den Schulhof.
2. Tragt eure Beobachtungen und Ergebnisse auf dem Arbeitsblatt ein.
3. Füllt dann die Tabelle auf dem Arbeitsblatt Teil 2 aus.

Tipp: Schaut auf den Samentütchen oder Pflegehinweisen nach, wenn ihr nicht sicher seid, welche Pflanze Schatten oder Sonne mag.

Hängt die Liste in der Klasse auf, damit ihr immer wieder schauen könnt, wer sich für welche Tätigkeit eingetragen hat.

Station 5 – Nass und trocken

So geht es:

1. Lest den Text auf dem Arbeitsblatt und schreibt eure Vermutung auf.
2. Führt den Versuch durch.
3. Füllt die Tabelle aus und schreibt eure Erklärung auf.
4. Überlegt, was ihr aus dem Versuch für die Arbeit in eurem Schulgarten lernen könnt. Denkt an diesen Versuch, wenn ihr euren Schulgarten pflegt.

Station 6 – Was wächst denn da?

So geht es:

1. Schaut nach, welche Pflanzen auf dem Schulgelände und in der Nähe der Schule wachsen. Sucht die Pflanzen in einem Bestimmungsbuch, falls ihr die Namen nicht kennt.
2. Schreibt die Pflanzen auf.
3. Schreibt auf, welche Pflanzen ihr im Schulgarten behalten wollt und welche neu dazukommen sollen.

Station 7 – Pflanzen-Steckbriefe

So geht es:

1. Lies die Steckbriefe über die Pflanzen. Es sind alles Pflanzen, die man häufig in Gärten findet. Vielleicht wollt ihr sie auch in eurem Schulgarten anpflanzen?
2. Male selbst ein Bild von der Pflanze.
3. Finde im Text den Namen der Pflanze heraus und schreibe ihn auf.
4. Schreibe auf, was dir besonders an der Pflanze aufgefallen ist.
5. Nutze die Pflanzen-Steckbriefe, um passende Pflanzen für euren Schulgarten auszusuchen.

Station 8 – Gartenarbeit

So geht es:

1. Verbinde die Satzteile zu sinnvollen Sätzen.
2. Ergänze den Lückentext mit den Wörtern aus dem Kasten.

Station 9 – Gartenwerkzeuge

So geht es:

1. Schneide die Karten aus (Teil 1).
2. Es gehören immer drei Karten zusammen. Lege richtig.
3. Lies den Text. (Teil 2)
4. Kreise jeweils das passende Wort ein.

Station 10 – Pflanzen zum Essen

So geht es:

1. Kreuze an, welche Pflanzen du kennst. Schreibe die Namen zu den Pflanzen.
2. Bringe die Buchstaben in die richtige Reihenfolge und schreibe die Pflanzennamen auf.
3. Schreibe auf, welche Pflanzen in eurem Schulgarten wachsen sollen.

Station 11 – Was fliegt denn da?

So geht es:

1. Suche auf dem Schulhof nach fliegenden Tieren.
   Schreibe die Namen der Tiere auf.
2. Lies dir das Arbeitsblatt in Ruhe durch und fülle es aus.
3. Erstellt gemeinsam eine Plakatwand über fliegende Insekten.

Tipp: Nehmt Tierbücher zu Hilfe oder sucht im Internet nach Informationen.

Station 12 – Was krabbelt denn da?

So geht es:

1. Lies dir das Arbeitsblatt in Ruhe durch (Teil 1).
2. Fülle es aus.
   Du kannst das Arbeitsblatt auch mit auf den Schulhof nehmen.
3. Lies dir das Arbeitsblatt durch (Teil 2).
4. Führe die Versuche durch und fülle das Arbeitsblatt aus.

Station 13 – Vorbereitungen

So geht es:

1. Zeichne das Schulgelände auf dem Arbeitsblatt (Teil 1) auf.
   Markiere in deiner Zeichnung die Stelle, an der der Schulgarten entstehen soll.
2. Miss mit einem Maßband oder einem Zollstock aus, wie groß der Schulgarten sein wird und schreibe die Maße auf.
3. Fülle anschließend die Tabelle aus.
4. Plant, welche Gegenstände ihr benötigt und woher ihr sie bekommen könnt.

Füllt dafür die Tabelle auf dem Arbeitsblatt (Teil 2) aus.

Station 14 - Schulgarten anlegen: Wer macht was?

So geht es:

Tragt in die Tabelle ein, welche Kinder was machen.
Ihr könnt bei jeder Tätigkeit einen oder mehrere Namen eintragen.
Achtet darauf, dass die Aufgaben gleichmäßig verteilt werden.

Station 15 – So haben wir den Schulgarten angelegt

So geht es:

1. Schreibe auf, wie der Schulgarten angelegt wurde.
2. Male passende Bilder zu den einzelnen Arbeitsschritten.
3. Zeichne auch, wie der ganze Garten nun aussieht.

Station 16 – So haben wir gesät und gepflanzt

So geht es:

1. Schreibe auf, wie ihr gesät und gepflanzt habt.
2. Male passende Bilder zu deinen Texten.
3. Zeichne auch, wie der ganze Garten nun aussieht.

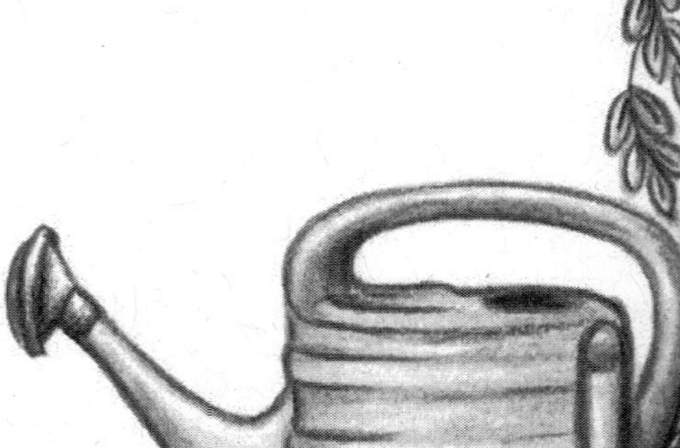

Station 17 – Schulgarten pflegen: Wer macht was?

So geht es:

1. Tragt in die Tabelle ein, wer welche Tätigkeiten übernimmt.
2. Tragt ebenfalls in die Tabelle ein, zu welchem Zeitpunkt (Datum oder Wochentag) und wie oft (täglich, ein- oder mehrmals in der Woche, ein- oder mehrmals im Monat, einmalig) diese Tätigkeiten durchgeführt werden sollen.

Tipp: Zu jeder Tätigkeit können ein oder mehrere Namen geschrieben werden. Verteilt die Aufgaben gleichmäßig.

Station 18 – Entdeckungen im Schulgarten: Pflanzen

So geht es:

Fülle den Steckbrief für eine Pflanze aus, die du im Schulgarten betrachtet hast.

Lernbiene®

Station 19 – Ernte

So geht es:

Füllt das Arbeitsblatt aus.
Malt in die Kästchen, wie ihr euch die Ernte vorgestellt habt und wie die Ernte tatsächlich aussah.

Station 20 – Rezepte

So geht es:

Probiert die Rezepte aus und esst gemeinsam.

Station 1 – Mein Traumgarten

Mein Traumgarten sieht so aus:

Diese Pflanzen wachsen in meinem Traumgarten:

Station 1 – Mein Traumgarten

Mein Traumgarten sieht so aus:

Diese Pflanzen wachsen in meinem Traumgarten:

Station 2 – Experimente (Teil 1)

Frage: Was macht die Tinte mit der Blume?

So geht es:
Wir stellen weiße oder gelbe Tulpen (Rosen oder Nelken) in ein Glas mit Wasser.
Nun gießen wir blaue Tinte in das Wasser und warten eine Weile.

Was wird geschehen? Wir vermuten:

Wir beobachten:

Zeichnung:

Das ist unsere Erklärung:

Station 2 – Experimente (Teil 2)

Ordne folgende Begriffe richtig zu: Blatt, Blüte, Stängel, Wurzeln
Schreibe die Wörter auf die richtigen Linien.

Zeichne nun den Weg der Tinte durch die Blume ein.

Station 2 – Experimente (Teil 3)

Frage: Ist Salz gut für Blumen?

So geht es:
Wir nehmen zwei gleiche Blumen (z. B. zwei Nelken). Nun stellen wir jede Nelke in ein Glas mit frischem Wasser. In das eine Glas füllen wir so viel Salz hinein, bis der Boden etwa 1 cm hoch bedeckt ist. Wir warten eine Weile.

Was wird geschehen? Wir vermuten:

Wir beobachten:

Zeichnung:

Das ist unsere Erklärung:

Station 2 – Experimente (Teil 4)

Versuch: Die Erbse auf der Watte

So geht es:

Jedes Kind bekommt ein Glas mit Watte und eine Erbse.

Befeuchtet die Watte mit Wasser und legt die Erbse auf die Watte.

Schreibt euren Namen auf das Glas.

Wessen Erbse keimt zuerst? ______________________________

Nach zwei Wochen:

So sieht meine Erbse aus:	So sieht die schnellste Erbse aus:

Versuch: Die Bohne in der Torftablette

So geht es:

Jedes Kind bekommt eine Torftablette.

Gießt die Tabletten, bis sie etwa 5 cm hoch geworden sind.

Drückt Bohnen hinein. Sie brauchen Wärme, Licht und Wasser.

Die Torftablette darf nie trocken werden!

Nach zwei Wochen:

So sieht meine Bohne aus:	So sieht die schnellste Bohne aus:

Station 3 – Unter der Erde und über der Erde (Teil 1)

Der Bauer und der Teufel

Es war einmal ein kluger Bauer.
Der Bauer hatte den ganzen Tag auf dem Feld gearbeitet.
Am Abend wollte er nach Hause gehen.
Da traf er einen kleinen schwarzen Teufel.

„Ich bewache einen Schatz!“, sagte der Teufel.
„Der Schatz liegt auf meinem Feld. Also gehört er mir!“, sprach der Bauer.
Der Teufel sagte: „Du kannst den Schatz haben, wenn du mir zwei Jahre lang die Hälfte von deiner Ernte gibst.“
Der Bauer war damit einverstanden.

Sie wollten so teilen: Der Teufel sollte das bekommen, was über der Erde wächst.
Der Bauer sollte das behalten, was unter der Erde wächst.

Der Bauer hatte Rüben gesät.
Als es Erntezeit war, bekam der Bauer die Rüben.
Der Teufel bekam nur welke Blätter.

Im zweiten Jahr wollte der Teufel das haben, was unter der Erde wächst.
Der Bauer sollte das behalten, was über der Erde wächst.

Der Bauer hatte Weizen gesät.
Als es Erntezeit war, bekam der Bauer den Weizen.
Der Teufel fand nur noch die Stoppeln vor.

Wütend verschwand der Teufel.
Der Bauer freute sich und holte sich den Schatz.

(nach einem Märchen der Brüder Grimm)

Station 3 – Unter der Erde und über der Erde (Teil 1)

Der Bauer und der Teufel

Es war einmal ein kluges und verschmitztes Bäuerlein, von dessen Streichen viel zu erzählen wäre, die schönste Geschichte ist aber doch, wie er den Teufel einmal dran gekriegt und zum Narren gehabt hat.

Das Bäuerlein hatte eines Tages seinen Acker bestellt und rüstete sich zur Heimfahrt, als die Dämmerung schon eingetreten war. Da erblickte er mitten auf seinem Acker einen Haufen feuriger Kohlen, und als er voll Verwunderung hinzuging, so saß oben auf der Glut ein kleiner schwarzer Teufel. „Du sitzest wohl auf einem Schatz," sprach das Bäuerlein. „Jawohl" antwortete der Teufel, „auf einem Schatz, der mehr Gold und Silber enthält, als du dein Lebtag gesehen hast" „Der Schatz liegt auf meinem Feld und gehört mir," sprach das Bäuerlein. „Er ist dein", antwortete der Teufel, „wenn du mir zwei Jahre lang die Hälfte von dem gibst, was dein Acker hervorbringt: Geld habe ich genug, aber ich trage Verlangen nach den Früchten der Erde." Das Bäuerlein ging auf den Handel ein. „Damit aber kein Streit bei der Teilung entsteht," sprach es, „so soll dir gehören, was über der Erde ist und mir, was unter der Erde ist." Dem Teufel gefiel das wohl, aber das listige Bäuerlein hatte Rüben gesät. Als nun die Zeit der Ernte kam, so erschien der Teufel und wollte seine Frucht holen, er fand aber nichts als die gelben welken Blätter, und das Bäuerlein, ganz vergnügt, grub seine Rüben aus. „Einmal hast du den Vorteil gehabt," sprach der Teufel, „aber für das nächstemal soll das nicht gelten. Dein ist, was über der Erde wächst und mein, was darunter ist." „Mir auch recht," antwortete das Bäuerlein. Als aber die Zeit zur Aussaat kam, säte das Bäuerlein nicht wieder Rüben, sondern Weizen. Die Frucht ward reif, das Bäuerlein ging auf den Acker und schnitt die vollen Halme bis zur Erde ab. Als der Teufel kam, fand er nichts als die Stoppeln und fuhr wütend in eine Felsenschlucht hinab. „So muß man die Füchse prellen," sprach das Bäuerlein, ging hin und holte sich den Schatz.

(Ein Märchen der Brüder Grimm – KHM 189)

Station 3 – Unter der Erde und über der Erde (Teil 2)

Der Teufel ist im Märchen zweimal leer ausgegangen, weil man von manchen Pflanzen die Teile essen kann, die _______________ der Erde wachsen und von manchen Pflanzen die Teile essen kann, die ____________ der Erde wachsen.

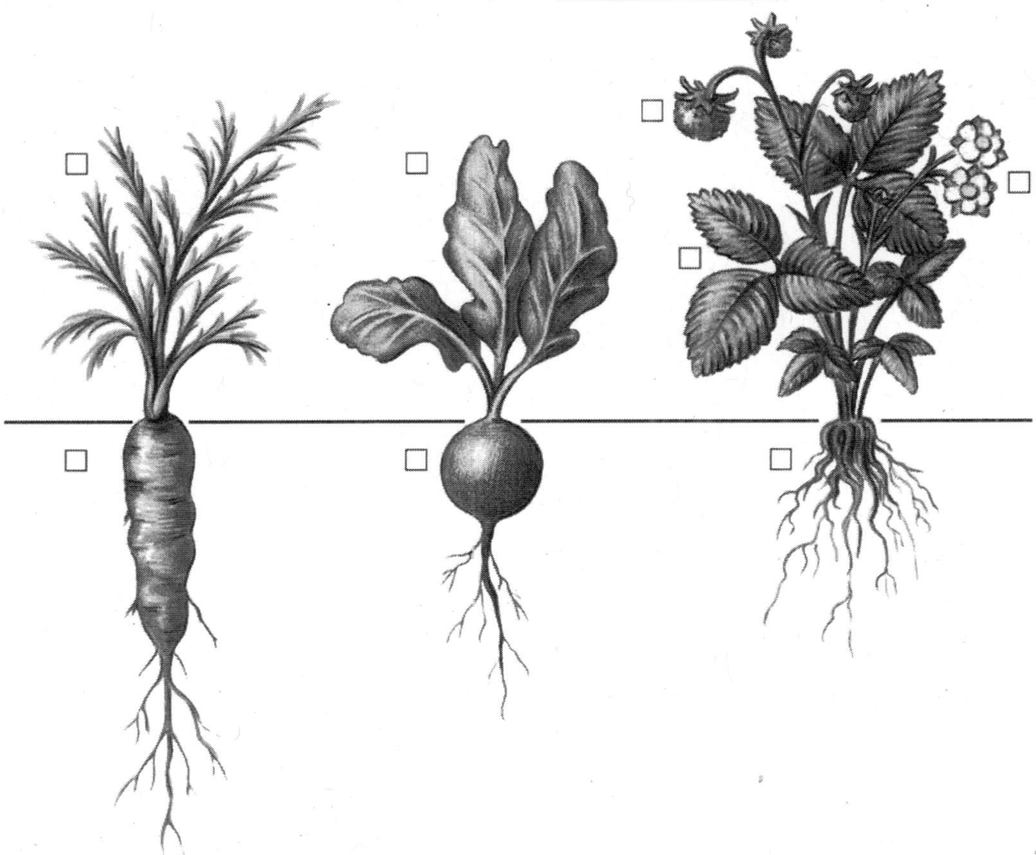

	Von dieser Pflanze kann ich das essen, was über der Erde wächst	Von dieser Pflanze kann ich das essen, was unter der Erde wächst
Kohlrabi		
Kresse		
Kartoffeln		
Tomaten		

Station 4 – Sonne und Schatten (Teil 1)

In der Sonne ist es wärmer als im Schatten.
In der Sonne wird die Erde schneller trocken als im Schatten.
Manche Pflanzen mögen viel Sonne.
Manche Pflanzen mögen lieber Schatten.
Manche Pflanzen mögen Sonne und Schatten.

Wir beobachten:
Wenn wir morgens zur Schule kommen, scheint die Sonne hier auf unseren Schulhof:

____

Diese Teile von unserem Schulhof liegen morgens im Schatten:

____

Wenn wir mittags nach Hause gehen, scheint die Sonne hier auf unseren Schulhof:

____

Diese Teile von unserem Schulhof liegen mittags im Schatten:

____

Hier scheint morgens und mittags die Sonne hin:

____

Hier ist morgens und mittags Schatten:

____

Station 4 – Sonne und Schatten (Teil 1)

Manche Pflanzen mögen viel Sonne, andere wachsen lieber im Schatten. Manche Pflanzen möchten sowohl Sonne als auch Schatten haben: Sie wachsen am besten im Halbschatten.

Finde heraus, was der Unterschied zwischen Sonne und Schatten ist:

Ort	Uhrzeit	Temperatur im Schatten	Temperatur in der Sonne

So fühlt sich die Erde in der Sonne an: ______________________________

So fühlt sich die Erde im Schatten an: ______________________________

Wie „wandern“ Sonne und Schatten im Laufe des Tages?

Beobachte auf dem Schulhof und kreuze die jeweils richtige Aussage an.

Die Sonne „wandert“ ☐ im Uhrzeigersinn ☐ gegen den Uhrzeigersinn

Der Schatten „wandert“ ☐ im Uhrzeigersinn ☐ gegen den Uhrzeigersinn

Beobachte auf dem Schulhof und fülle die Tabelle aus.

Ort auf dem Schulhof	immer Sonne	immer Schatten	mal Sonne, mal Schatten

Station 4 – Sonne und Schatten (Teil 2)

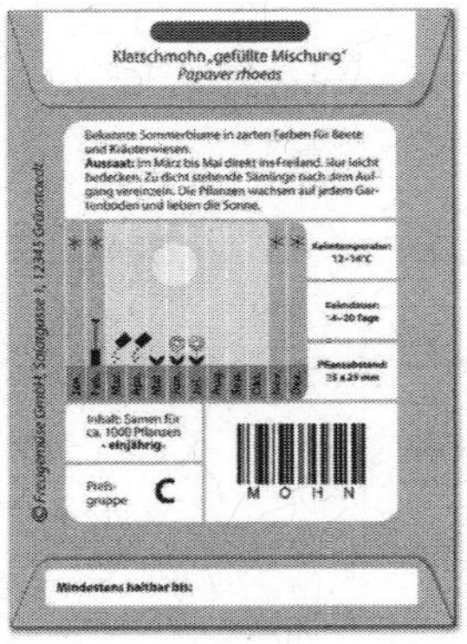

Pflanze	Sonne	Schatten	Halbschatten	keine Angabe
Erdbeeren				
Kartoffeln				
Kohlrabi				
Kresse				
Möhren				
Radieschen				
Kamille				
Margeriten				
Mohn				
Sonnenblumen				
Vergissmeinnicht				

Station 5 – Nass und trocken

Versuch: Wir stellen auf der Fensterbank drei Blumentöpfe mit Margeriten auf. Den ersten Topf gießen wir einmal in der Woche, den zweiten Topf gießen wir alle zwei bis drei Tage und den dritten Topf gießen wir jeden Tag.

Was wird geschehen? Wir vermuten:

____

____

____

Wir beobachten:

	einmal pro Woche gießen	zwei- bis dreimal pro Woche gießen	täglich gießen
nach einer Woche			
nach zwei Wochen			

Erkläre, was mit unseren Pflanzen im Schulgarten passiert, wenn wir sie zu viel oder zu wenig gießen:

____

____

____

Station 6 – Was wächst denn da?

Diese Pflanzen wachsen auf unserem Schulgelände oder in der Nähe unserer Schule:
Wähle aus und ergänze weitere Pflanzen.

Kamille, Vergissmeinnicht, Rosen, Klee, Tulpen, Gänseblümchen, Löwenzahn, Pilze, Gräser, Mohn, Krokusse, Disteln, Ackerwinde

____

____

____

____

____

Diese Pflanzen wollen wir behalten:

______________ ______________

______________ ______________

Diese Pflanzen wollen wir neu pflanzen:

____

____

____

Station 7 – Pflanzen-Steckbriefe (Teil 1)

Name der Pflanze: ______________________________

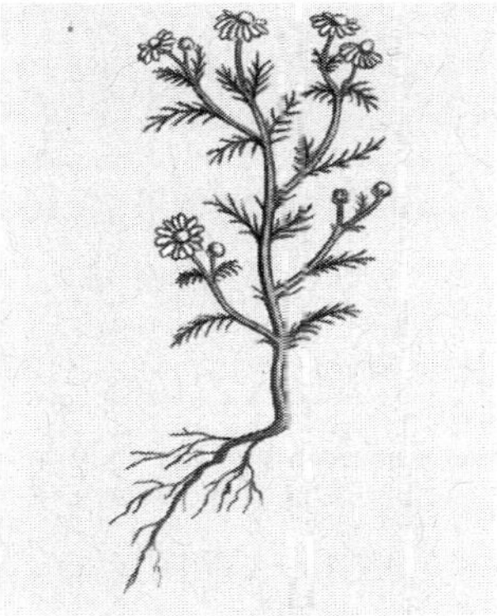

Daran kann ich die Pflanze erkennen:

Der Stängel ist sehr biegsam.

Die Pflanze hat viele Blüten und sie blüht von Mai bis Juli.

Das Innere der Blüte ist gelb und nach oben gewölbt. Das Blütenköpfchen ist hohl.

Die Blütenblätter sind weiß. Es gibt etwa 12–20 Blütenblätter.

Gut zu wissen:

Die sogenannte „Falsche Kamille“ sieht der „Echten Kamille“ sehr ähnlich. Bei der „Falschen Kamille“ ist das Blütenköpfchen aber nicht hohl, und vor allem: Die „Falsche Kamille“ ist geruchlos.

Aus der „Echten Kamille“ kannst du selbst Tee herstellen: Die Blüten pflücken, waschen und trocknen und mit heißem Wasser übergießen. Fertig.

Das ist mir besonders aufgefallen:

____

____

Meine Zeichnung:

Station 7 – Pflanzen-Steckbriefe (Teil 2)

Name der Pflanze: ______________________________

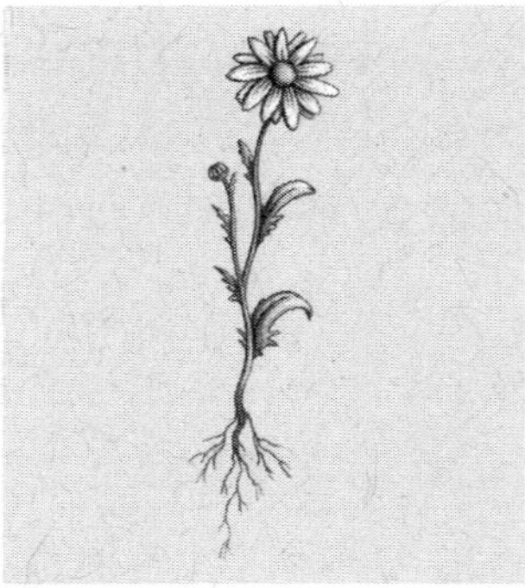

Daran kann ich die Pflanze erkennen:

Die Blüte sieht ganz ähnlich aus wie ein Gänseblümchen.
Sie ist aber viel größer: etwa 4–6 cm groß.
An jedem Stängel gibt es nur eine Blüte.
Die Pflanze blüht in der Zeit von Juni bis Oktober.

Gut zu wissen:

Manche Bauern mögen die Margeriten nicht gerne, weil diese Blumen fast überall wachsen. Häufig bezeichnen die Landwirte sie daher als Unkraut und nennen sie „Wucherblume".

Das ist mir besonders aufgefallen:

____

____

Meine Zeichnung:

Station 7 – Pflanzen-Steckbriefe (Teil 3)

Name der Pflanze: ______________________________

Daran kann ich die Pflanze erkennen:

Die Blätter sind dunkelgrün und haben die Form von Herzen.
Die Blätter sind groß und ein bisschen behaart.
Unter der Erde bildet die Pflanze Knollen, die oft rund oder oval sind.
Die Knollen sind häufig rot oder weiß.

Gut zu wissen:

Radieschen werden roh gegessen und schmecken lecker im Salat oder in Scheiben geschnitten auf einem Butterbrot.
Streust du Salz auf die Radieschen, so schmecken sie nicht mehr so scharf.
Radieschen enthalten viel Vitamin B und C, außerdem auch Kalzium und Eisen.

Das ist mir besonders aufgefallen:

____

____

Meine Zeichnung:

Station 7 – Pflanzen-Steckbriefe (Teil 4)

Name der Pflanze: ______________________________

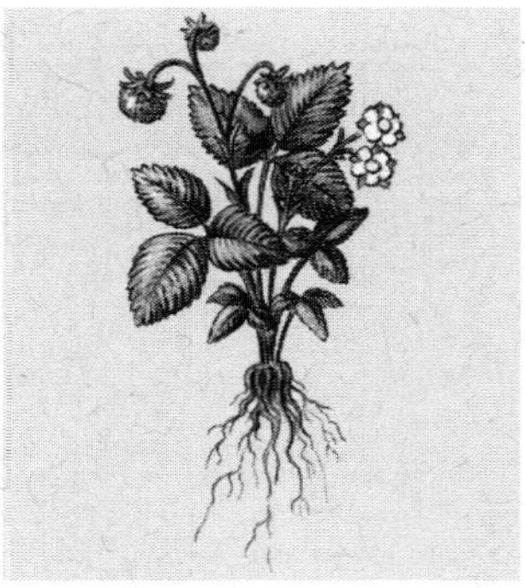

Daran kann ich die Pflanze erkennen:

Die Blüten dieser Pflanze sind weiß und haben fünf Blütenblätter.
Ab Mai/Juni bilden sich die roten Früchte.
Die Blätter der Pflanze sind grün. Sie haben lange Stiele.
Es wachsen immer drei Blätter dicht beieinander.

Gut zu wissen:

Die Walderdbeere ist eine sehr alte Heilpflanze. Sie enthält viele Vitamine und Mineralstoffe. Die kleinen Erdbeeren schmecken am besten, wenn man sie gleich nach dem Pflücken isst.

Das ist mir besonders aufgefallen:

____

____

Meine Zeichnung:

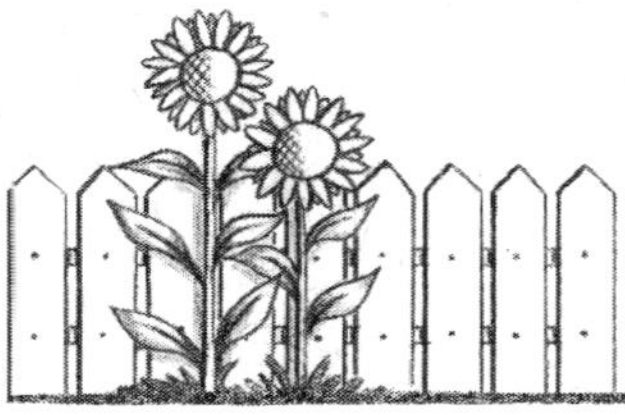

Station 7 – Pflanzen-Steckbriefe (Teil 5)

Name der Pflanze: ______________________________

Daran kann ich die Pflanze erkennen:

Es wachsen meist viele kleine Pflänzchen nebeneinander; was aussieht wie eine kleine Wiese.

Die Pflanze hat kleine hellgrüne Blätter, die oben am Stängel wachsen.

Wenn die Pflanze ca. 6 cm hoch ist, kann man sie ernten.

Gut zu wissen:

Kresse enthält viele Vitamine. Lecker schmeckt sie auf einem Butterbrot oder im Salat. Kresse kannst du das ganze Jahr über säen: im Winter drinnen im warmen Raum auf feuchter Watte oder auf Küchenpapier. Schon nach knapp zwei Wochen kann man die Kresse mit einer (sauberen) Schere abschneiden und essen.

Das ist mir besonders aufgefallen:

____

____

Meine Zeichnung:

Station 7 – Pflanzen-Steckbriefe (Teil 6)

Name der Pflanze: ______________________________

Daran kann ich die Pflanze erkennen:
Die Blätter der Pflanze sind hellgrün und fein gefiedert.
Die Wurzel kann man essen.
Sie ist länglich und hat meistens eine orange Farbe.

Gut zu wissen:
Möhren sind sehr gesund. Sie enthalten Vitamine, Carotin, Eiweiß, Eisen und vieles mehr. Möhren schmecken ein bisschen süß.
Es gibt viele leckere Möhrengerichte, die man kochen oder backen kann, z. B. Kartoffel-Möhrengemüse oder Möhren-Orangen-Muffins.
Roh schmecken die Möhren besonders gut mit einem Dipp, z. B. Kräuterquark.

Das ist mir besonders aufgefallen:

____

____

Meine Zeichnung:

Station 8 – Gartenarbeit

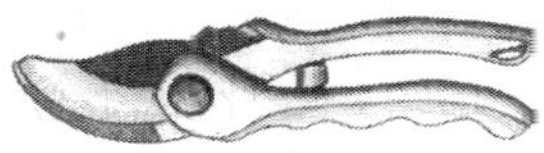

Das alles ist im Garten zu tun:

Wir zupfen	die Blumen.
Wir gießen	Unkraut.
Wir sammeln	nach Spinnen und Raupen.
Wir schneiden	Schnecken.
Wir halten Ausschau	Obst und Gemüse.
Wir ernten	verwelkte Blätter ab.

So pflegen wir unseren Garten:

Schnecken sammeln wir in einem ______________________, um sie in einem Gebüsch auszusetzen, das ein Stück vom Schulgarten entfernt ist. Verwelkte Blüten schneiden wir mit der ______________________ ab. Heruntergefallene Blätter holen wir mit einer ________________ unter den Büschen heraus. Gartenabfälle werfen wir auf den ______________________ oder in die ______________________. Wenn wir Unkraut zupfen, tragen wir ______________________. Wir gießen die Pflanzen mit einer ______________________ oder mit dem ______________________. Wenn sich die Blätter einer Pflanze zusammenrollen, schauen wir nach, ob darin eine ____________________ sitzt.

Biotonne, Eimer, Gartenhandschuhe, Gartenschere, Gartenschlauch, Gießkanne, Harke, Komposthaufen, Spinne

Station 9 – Gartenwerkzeuge (Teil 1)

	Harke	ein Loch graben
	Gießkanne	Erde umgraben
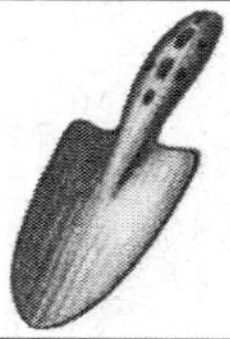	Gartenhandschuhe	Boden lockern
	Spaten	Blumen gießen
	Rechen	Gartenabfälle zusammenkehren
	Schaufel	Gartenabfälle wegfahren
	Eimer	Zweige abschneiden
	Gartenschere	die Hände schützen
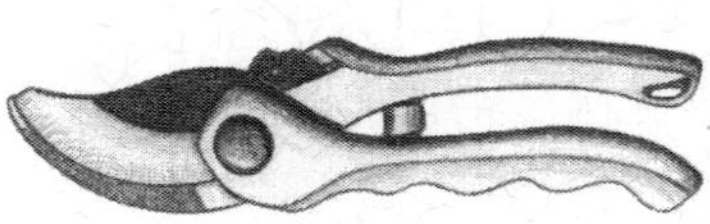	Schubkarre	Schnecken sammeln

Station 9 – Gartenwerkzeuge (Teil 2)

So lege ich einen Garten an:

1. Ich grabe die Erde mit einem **Gartenhandschuh / Spaten** um.
2. Ich mache die Erde mit einem **Rechen / Gummistiefel** schön glatt.
3. Mit der Kante des **Spatens / Schildes** ziehe ich Furchen in die Erde.
4. In die Furchen streue ich die **Regenwürmer / Samen**.
5. Ich glätte die Erde wieder und gieße mit einer **Schaufel / Gießkanne**.
6. Ich bastele **Marienkäfer / Schilder** und stecke sie in die Erde, damit ich weiß, was ich wo gepflanzt habe.
7. Ich grabe mit der **Schaufel / Gießkanne** Löcher in die Erde.
8. In die Löcher stecke ich die kleinen **Gartenhandschuhe / Pflanzen**.
9. Dann gieße ich mit der **Gießkanne / Schubkarre**.
10. Bei der Gartenarbeit trage ich **Gießkanne / Gartenhandschuhe** und **Pflanzen / Gummistiefel**.

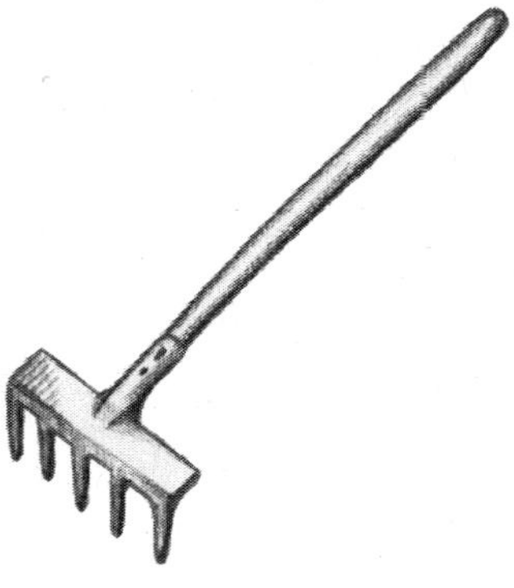

Station 10 – Pflanzen zum Essen

1. Diese Pflanzen kenne ich schon:

2. Auch von diesen Pflanzen sind Teile essbar:
LAUCHSCHNITT, PESILIETER, ILLD, TENTOMA, GRUKNE, NENBOH

3. Obst, Gemüse, Kräuter. Diese Pflanzen sollen in unserem Schulgarten wachsen:

Station 11 – Was fliegt denn da?

Diese fliegenden Insekten können wir auf unserem Schulhof beobachten:

____________________ ____________________

____________________ ____________________

____________________ ____________________

Wir fangen ein Insekt vorsichtig in einem Becherglas ein und nehmen es mit in die Klasse, um es genauer zu betrachten.

So sieht das Tier aus:

Zeichnung:	Das Tier hat …
	… so viele Flügel:
	… so viele Beine:
	… diese Farben:
	Besonderes:

So heißt das Tier: ____________________

Dieses Verhalten habe ich beobachtet:

____

____

____

____

____

Nun bringen wir das Tier wieder zurück auf den Schulhof und lassen es frei.

Station 12 – Was krabbelt denn da? (Teil 1)

Diese Tiere krabbeln auf unserem Schulgelände über die Erde:

____

____

Hier habe ich eines dieser Tiere gezeichnet:

Name des Tieres: ______________________________

Mit einer Schaufel oder einem Spaten graben wir ein Stück Erde um.
Diese Tiere finden wir dabei in der Erde:

____

____

Hier habe ich aufgezeichnet, wie diese Tiere in der Erde leben:

Station 12 – Was krabbelt denn da? (Teil 2)

Versuche:

Ihr braucht zwei Blumentöpfe mit einem Loch im Boden, eine Schaufel, zwei kleine Zweige, Erde und eine Gießkanne mit Wasser.

1. Füllt den ersten Eimer locker mit Erde und steckt einen Zweig hinein.
   Füllt den zweiten Eimer mit Erde und presst sie zusammen, so fest ihr könnt.
   Steckt auch hier einen Zweig in die Erde.
   Was stellt ihr fest?

____

____

____

2. Gießt nun in beide Blumentöpfe Wasser mit der Gießkanne.
   Was stellt ihr fest?

____

____

____

Pflanzen möchten ihre Wurzeln möglichst weit im Boden ausbreiten.
Mit den Wurzeln hält sich die Pflanze im Boden fest.
Durch die Wurzeln nimmt die Pflanze aber auch Luft und Wasser auf.

Pflanzen können am besten dort wachsen, wo der Boden ____________________ ist. Tiere, die ______________________________ leben, helfen dabei, dass der Boden ________________ wird, indem sie ______________________________.

Station 13 – Vorbereitungen (Teil 1)

An dieser Stelle auf dem Schulgelände legen wir unseren Schulgarten an:

So groß wird unser Schulgarten sein: Länge _____ m, Breite: _____ m.

Das wollen wir pflanzen:	Woher bekommen wir die Pflanzen? (Bsp.: Geschenk vom Nachbarn, kaufen im Supermarkt)

Station 13 – Vorbereitungen (Teil 2)

Was müssen wir besorgen?	Wie viele brauchen wir?	Wofür brauchen wir das?	Woher bekommen wir das?
Eimer			
Gartenhandschuhe			
Gartenschere			
Gartenschlauch			
Gießkanne			
Harke			
Rechen			
Schaufel			
Schilder			
Schubkarre			
Spaten			
Zaun			

Station 14 – Schulgarten anlegen: Wer macht was?

Wer?	Was?
	Schilder basteln
	Zaun aufstellen
	Erde umgraben
	Erde glätten
	Furchen ziehen
	Samen aussäen
	Erde glätten
	gießen
	Schilder aufstellen
	Löcher graben
	kleine Pflanzen setzen
	gießen
	Schilder aufstellen
	Fotos machen
	Skizzen anfertigen
	Notizen machen

Station 15 – So haben wir den Schulgarten angelegt

1. ______________________________

____

____

2. ______________________________

____

____

3. ______________________________

____

____

4. ______________________________

____

____

Zum Schluss sah unser Schulgarten so aus:

Station 16 – So haben wir gesät und gepflanzt

1.

2.

3.

4.

Zum Schluss sah unser Schulgarten so aus:

Station 17 – Schulgarten pflegen: Wer macht was?

Wer?	Was?	Wann? / Wie oft?
	Unkraut zupfen	
	Pflanzen gießen	
	Schnecken sammeln	
	Raupen sammeln	
	vertrocknete Blüten abschneiden	
	Laub harken	
	Blätter der Pflanzen auf Löcher und Tiere untersuchen	
	Fotos machen	
	Zeichnungen anfertigen	
	Notizen machen	

Station 18 – Entdeckungen im Schulgarten: Pflanzen

Das habe ich im Schulgarten beobachtet:

Es ist eine Pflanze. So heißt sie:

____

Es handelt sich dabei um

☐ Blumen

☐ Kräuter

☐ Obst/ Gemüse

☐ Die Pflanze blüht.

Ihre Blüten sehen so aus:

Die Pflanze blüht in der Zeit von ________________________ bis ________________________.

Sie hatte ungefähr so viele Blüten:

Die Früchte fangen im ________________________ an zu wachsen.

Am Anfang haben die Früchte diese Farbe:

Ernten können wir die Früchte im ________________________.

Dann haben sie diese Farbe: .

Das fertige Obst / Gemüse sieht so aus:

☐ Es sind Kräuter.

Man isst die Kräuter zu folgendem Essen:

____

____

Die Pflanze ist ________________ cm gewachsen, seit wir sie gepflanzt haben.

Station 19 – Ernte

Wir haben geerntet! Datum: ____________________

Das haben wir geerntet: ____

So haben wir uns die Ernte vorgestellt:

So sah unsere Ernte tatsächlich aus:

Das war toll: ____

____

Das hat nicht so gut geklappt: ____

____

Das ist uns passiert:

Kreuze an.

	Bekommen Pflanzen zu viel Wasser, bleiben die Wurzeln klein. Unser Wurzelgemüse (z. B. Möhren, Radieschen) blieb darum viel zu klein.
	Tiere haben einen Teil unserer Ernte aufgefressen.
	Es gab nicht viele Insekten in unserem Garten. Darum wurden nicht viele Blüten bestäubt und wir haben wenige Früchte erhalten.
	Die Pflanzen hatten nur wenige Blüten, daher haben wir auch nur wenige Früchte erhalten.

Station 20 – Rezepte (Teil 1)

Butterbrot mit Kresse (für die Frühstückspause):

Schneide eine Scheibe von deinem Lieblingsbrot ab und lege sie auf einen Teller oder ein Frühstücksbrettchen.
Bestreiche die Brotscheibe mit Butter oder Margarine.
Schneide mit einer sauberen Schere Kresse ab und streue sie auf dein Butterbrot.
Vielleicht magst du auch noch Tomatenscheiben oder Gurkenscheiben dazu?

Um das Kresse-Butterbrot herum kannst du nun noch bunte Obststückchen legen.

Guten Appetit!

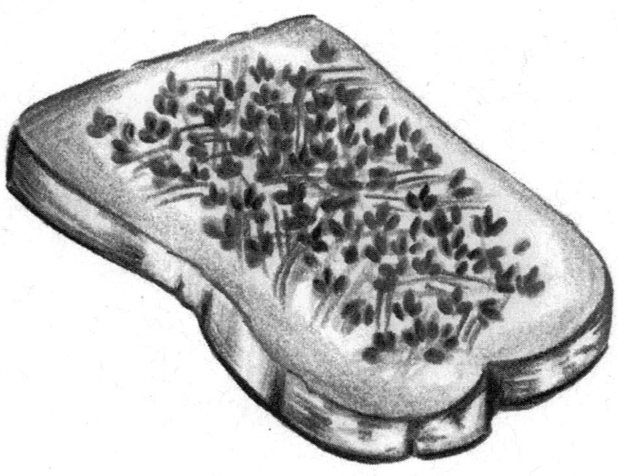

Station 20 – Rezepte (Teil 2)

Gemüsetiere

(lecker mit Kräuterquark oder anderem Dipp):

Wascht und putzt das Gemüse und schneidet es dann in kleine Stücke oder Streifen.
Nun könnt ihr auf einem Teller damit ein Tier legen.
Beispiel:
Nehmt eine Gurkenscheibe als Kopf und halbe Möhrenscheiben für die Beine und den Schwanz.

Was könntet ihr für den Bauch nehmen?
Was für ein Tier habt ihr gelegt?

Tipp: Dieses Gemüse könnt ihr roh essen:
Gurken, Tomaten und Radieschen.

Dieses Gemüse könnt ihr roh essen, es schmeckt aber auch gekocht oder gedünstet lecker:
Möhren, Paprika, Fenchel, Lauch, Zwiebeln, Kohlrabi

Wichtig: Kartoffeln vor dem Essen unbedingt kochen!

Guten Appetit!

Station 20 – Rezepte (Teil 3)

Pellkartoffeln mit Kräuterquark

Suche möglichst gleich große Kartoffeln aus.
Wasche die Kartoffeln mit Schale und
gib sie in einen großen Topf.
Koche die Kartoffeln etwa 20 Minuten lang.
Wenn du mit einem Messer leicht in die Kartoffeln
stechen kannst, sind sie fertig.
Tipp: Lege die Kartoffeln kurz in kaltes Wasser,
dann lassen sie sich leicht pellen.

Für den **Kräuterquark**:
Suche dir einige Kräuter aus, die du gerne magst.
Beispiel: Schnittlauch, Petersilie, Dill.
Verrühre Milch und Magerquark. Schneide die Kräuter in kleine Stückchen und gib sie zu dem Quark hinzu.
Schmecke das Ganze mit Salz, Pfeffer und etwas Zucker ab. Du kannst auch kleingehackte Zwiebeln dazugeben.

Guten Appetit!

Lösung Station 2 – Experimente (Teil 1)

Frage: Was macht die Tinte mit der Blume?

So geht es:
Wir stellen weiße oder gelbe Tulpen (Rosen oder Nelken) in ein Glas mit Wasser.
Nun gießen wir blaue Tinte in das Wasser und warten eine Weile.

Was wird geschehen? Wir vermuten:
Das Wasser wird blau.

Wir beobachten:

Die Blütenblätter der Blume
färben sich blau.

Zeichnung:

Zeichnung des Kindes

Das ist unsere Erklärung:
Das blaue Wasser steigt durch den Stängel nach oben in die Blüte und färbt sie blau.

Lösung Station 2 – Experimente (Teil 2)

Ordne folgende Begriffe richtig zu: Blatt, Blüte, Stängel, Wurzeln
Schreibe die Wörter auf die richtigen Linien.

Zeichne nun den Weg der Tinte durch die Blume ein.

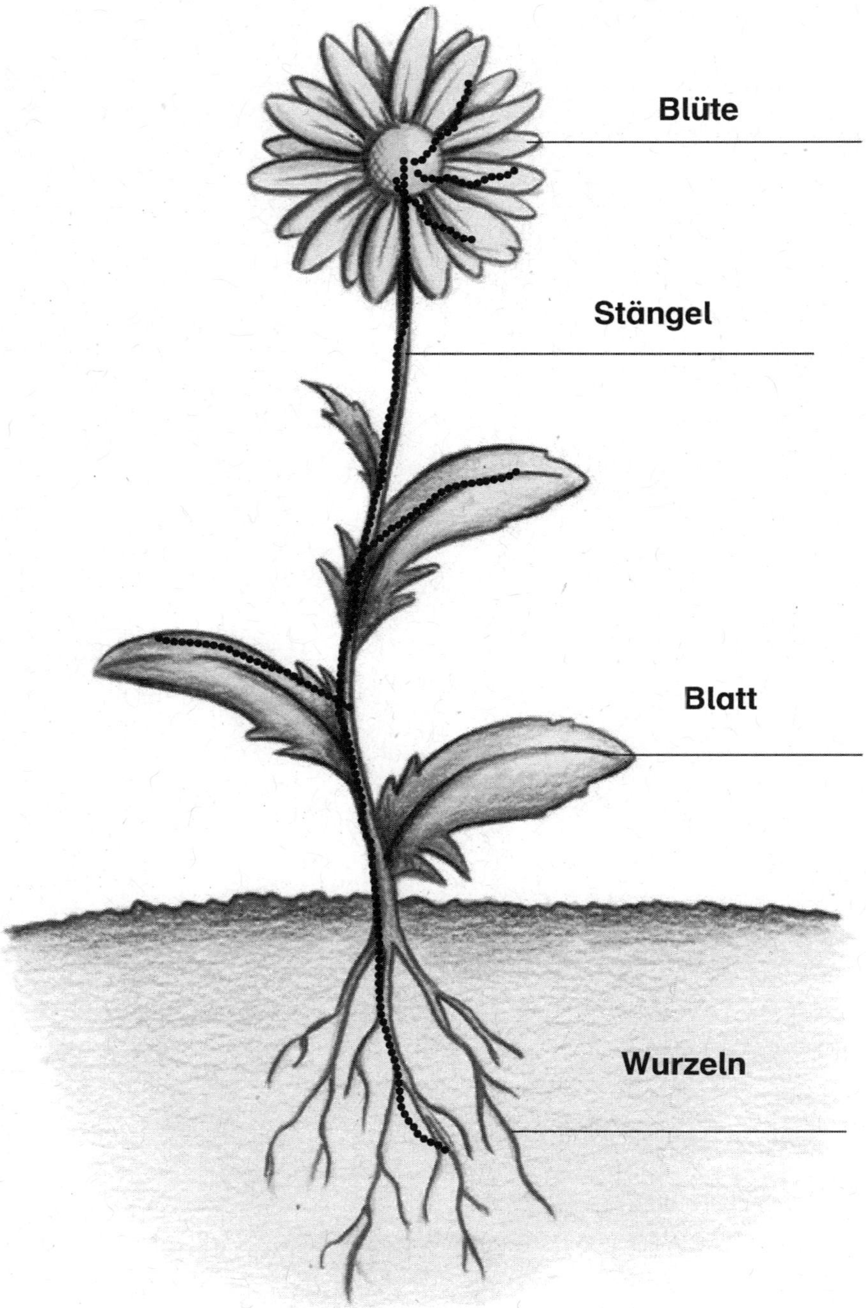

Lösung Station 2 – Experimente (Teil 3)

Frage: Ist Salz gut für Blumen?

So geht es:
Wir nehmen zwei gleiche Blumen (z. B. zwei Nelken). Nun stellen wir jede Nelke in ein Glas mit frischem Wasser. In das eine Glas füllen wir so viel Salz hinein, bis der Boden etwa 1 cm hoch bedeckt ist. Wir warten eine Weile.

Was wird geschehen? Wir vermuten:
Die Blume, die im Salzwasser steht, wird schneller verwelken als die andere Blume.

Wir beobachten:

Die Blume, die im Salzwasser steht, verwelkt sehr schnell.

Zeichnung:

Zeichnung des Kindes

Das ist unsere Erklärung:
Da das Blumenwasser mehr Salz enthält als der Blütenstängel, findet ein Austausch statt: Die Zellen im Blütenstängel geben Wasser ins Blumenwasser ab, um den Salzgehalt zwischen Stängel und Wasser auszugleichen. Die Blume verdurstet also, obwohl sie im Wasser steht. Man nennt diesen Vorgang „Osmose".

Lösung Station 3 – Unter der Erde und über der Erde (Teil 2)

Der Teufel ist im Märchen zweimal leer ausgegangen, weil man von manchen Pflanzen die Teile essen kann, die **über** der Erde wachsen und von manchen Pflanzen die Teile essen kann, die **unter** der Erde wachsen.

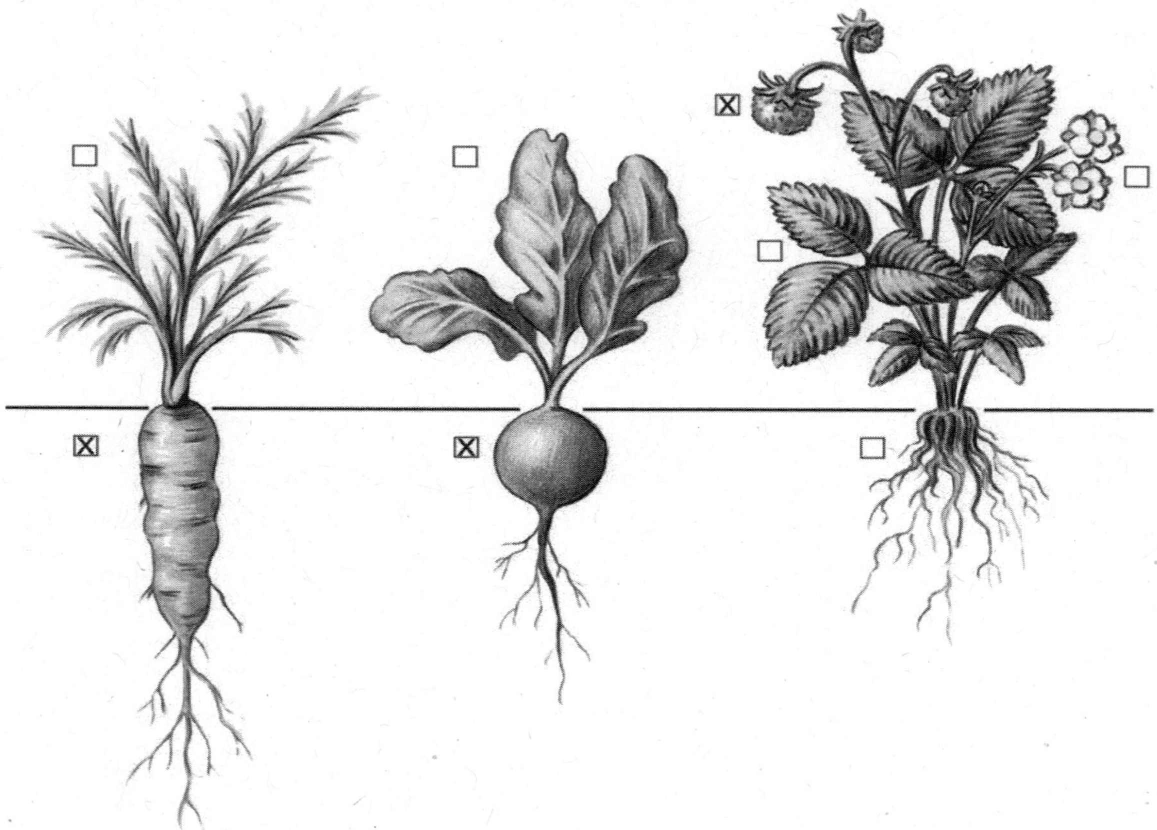

	Von dieser Pflanze kann ich das essen, was über der Erde wächst	Von dieser Pflanze kann ich das essen, was unter der Erde wächst
Kohlrabi	**x**	
Kresse	**x**	
Kartoffeln		**x**
Tomaten	**x**	

Lösungsvorschlag Station 4 – Sonne und Schatten (Teil 1)

Manche Pflanzen mögen viel Sonne, andere wachsen lieber im Schatten. Manche Pflanzen möchten sowohl Sonne als auch Schatten haben: Sie wachsen am besten im Halbschatten.

Finde heraus, was der Unterschied zwischen Sonne und Schatten ist:

Ort	Uhrzeit	Temperatur im Schatten	Temperatur in der Sonne
kleiner Pausenhof	**8:10**	**14 Grad**	**18 Grad**
kleiner Pausenhof	**11:30**	**19 Grad**	**23 Grad**
kleiner Pausenhof	**14:00**	**21 Grad**	**26 Grad**

So fühlt sich die Erde in der Sonne an: **trocken und warm**

So fühlt sich die Erde im Schatten an: **feucht und kühl**

Wie „wandern“ Sonne und Schatten im Laufe des Tages?

Beobachte auf dem Schulhof und kreuze die jeweils richtige Aussage an.

Die Sonne „wandert“	**x**	im Uhrzeigersinn		gegen den Uhrzeigersinn
Der Schatten „wandert“	**x**	im Uhrzeigersinn		gegen den Uhrzeigersinn

Beobachte auf dem Schulhof und fülle die Tabelle aus.

Ort auf dem Schulhof	immer Sonne	immer Schatten	mal Sonne, mal Schatten
Schaukel	**x**		
Aufstellplätze		**x**	
Schulgarten			**x**

Lösungsvorschlag Station 4 – Sonne und Schatten (Teil 2)

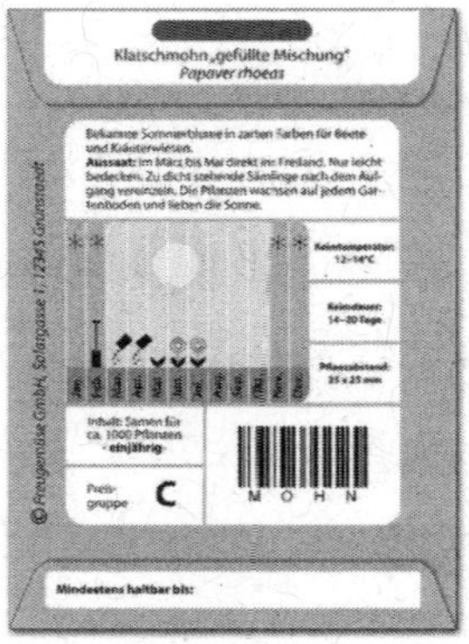

Pflanze	Sonne	Schatten	Halbschatten	keine Angabe
Erdbeeren	x			
Kartoffeln				x
Kohlrabi	x		x	
Kresse	x			
Möhren	x		x	
Radieschen	x			
Kamille	x			
Margeriten	x		x	
Mohn	x			
Sonnenblumen	x			
Vergissmeinnicht	x		x	
Rosen	x			
Efeu		x	x	
Schnittlauch	x		x	
Petersilie	x		x	

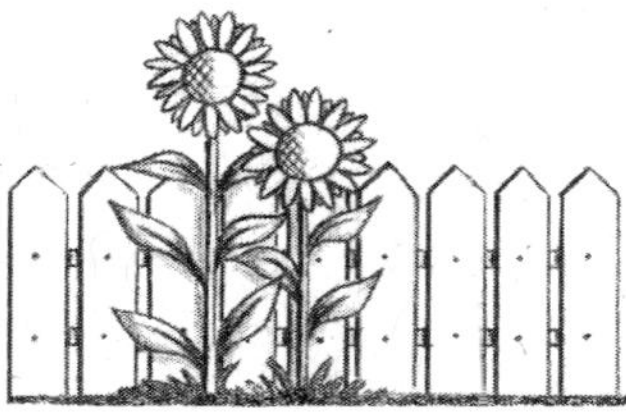

Lösung Station 5 – Nass und trocken

Versuch: Wir stellen auf der Fensterbank drei Blumentöpfe mit Margeriten auf.
Den ersten Topf gießen wir einmal in der Woche,
den zweiten Topf gießen wir alle zwei bis drei Tage
und den dritten Topf gießen wir jeden Tag.

Was wird geschehen? Wir vermuten:
Die Blumen im zweiten Topf werden am besten wachsen.

Wir beobachten:

	einmal pro Woche gießen	zwei- bis dreimal pro Woche gießen	täglich gießen
nach einer Woche	**Erde trocken, Blätter hängen herab**	**Erde feucht, Pflanze in gutem Zustand**	**Erde nass**
nach zwei Wochen	**Erde sehr trocken, Blütenblätter braun**	**Erde feucht, Pflanze in gutem Zustand**	**Erde nass, geschimmelt**

Erkläre, was mit unseren Pflanzen im Schulgarten passiert, wenn wir sie zu viel oder zu wenig gießen:
Wenn wir die Pflanzen zu wenig gießen, vertrocknen sie.
Wenn wir die Pflanzen zu viel gießen, „ertrinken“ sie.

Lösung Station 8 – Gartenarbeit

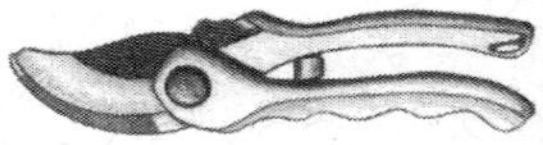

Das alles ist im Garten zu tun:

Wir zupfen	die Blumen.
Wir gießen	Unkraut.
Wir sammeln	nach Spinnen und Raupen.
Wir schneiden	Schnecken.
Wir halten Ausschau	Obst und Gemüse.
Wir ernten	verwelkte Blätter ab.

So pflegen wir unseren Garten:

Schnecken sammeln wir in einem **Eimer**, um sie in einem Gebüsch auszusetzen, das ein Stück vom Schulgarten entfernt ist. Verwelkte Blüten schneiden wir mit der **Gartenschere** ab. Heruntergefallene Blätter holen wir mit einer **Harke** unter den Büschen heraus. Gartenabfälle werfen wir auf den **Komposthaufen** oder in die **Biotonne**. Wenn wir Unkraut zupfen, tragen wir **Gartenhandschuhe**. Wir gießen die Pflanzen mit einer **Gießkanne** oder mit dem **Gartenschlauch**. Wenn sich die Blätter einer Pflanze zusammenrollen, schauen wir nach, ob darin eine **Spinne** sitzt.

Biotonne, Eimer, Gartenhandschuhe, Gartenschere, Gartenschlauch, Gießkanne, Harke, Komposthaufen, Spinne

Lösung Station 9 – Gartenwerkzeuge (Teil 1)

	Spaten	Erde umgraben
	Rechen	Gartenabfälle zusammenkehren
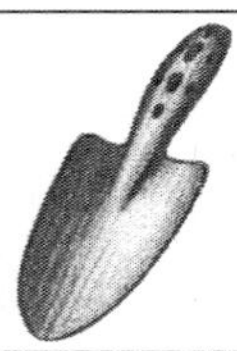	Schaufel	ein Loch graben
	Harke	Boden lockern
	Gießkanne	Blumen gießen
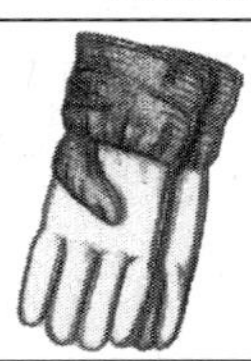	Gartenhandschuhe	die Hände schützen
	Schubkarre	Gartenabfälle wegfahren
	Eimer	Schnecken sammeln
	Gartenschere	Zweige abschneiden

Lösung Station 9 – Gartenwerkzeuge (Teil 2)

So lege ich einen Garten an:

1. Ich grabe die Erde mit einem **Gartenhandschuh / Spaten** um.
2. Ich mache die Erde mit einem **Rechen / Gummistiefel** schön glatt.
3. Mit der Kante des **Spatens / Schildes** ziehe ich Furchen in die Erde.
4. In die Furchen streue ich die **Regenwürmer / Samen**.
5. Ich glätte die Erde wieder und gieße mit einer **Schaufel / Gießkanne**.
6. Ich bastele **Marienkäfer / Schilder** und stecke sie in die Erde, damit ich weiß, was ich wo gepflanzt habe.
7. Ich grabe mit der **Schaufel / Gießkanne** Löcher in die Erde.
8. In die Löcher stecke ich die kleinen **Gartenhandschuhe / Pflanzen**.
9. Dann gieße ich mit der **Gießkanne / Schubkarre**.
10. Bei der Gartenarbeit trage ich **Gießkanne / Gartenhandschuhe** und **Pflanzen / Gummistiefel**.

Lösung Station 10 – Pflanzen zum Essen

1. Diese Pflanzen kenne ich schon:

Kartoffeln

Möhre

Radieschen

Kohlrabi

Walderdbeere

Kresse

2. Auch von diesen Pflanzen sind Teile essbar:

LAUCHSCHNITT, PESILIETER, ILLD, TENTOMA, GRUKNE, NENBOH

Schnittlauch	**Petersilie**	**Dill**
Tomaten	**Gurken**	**Bohnen**

3. Obst, Gemüse, Kräuter. Diese Pflanzen sollen in unserem Schulgarten wachsen:

Lösungsvorschlag Station 11 – Was fliegt denn da?

Diese fliegenden Insekten können wir auf unserem Schulhof beobachten:

Hummeln	**Fliegen**
Bienen	**Wespen**
Libellen	**Florfliegen**

Wir fangen ein Insekt vorsichtig in einem Becherglas ein und nehmen es mit in die Klasse, um es genauer zu betrachten.

So sieht das Tier aus:

Zeichnung:	Das Tier hat …
	… so viele Flügel: **2**
	… so viele Beine: **6**
	… diese Farben: **gelb, schwarz, weiß**
	Besonderes:
	Der Körper fühlt sich pelzig an.

So heißt das Tier: **Hummel**

Dieses Verhalten habe ich beobachtet:
Die Hummel brummt beim Fliegen.
Die Hummel krabbelt in die Blüten der Blumen hinein.
Die Hummel kann fliegen und auf dem Boden oder auf Pflanzen herumkrabbeln.
Die Blüten biegen sich nach unten, wenn die Hummel hineinkrabbelt.

Nun bringen wir das Tier wieder zurück auf den Schulhof und lassen es frei.

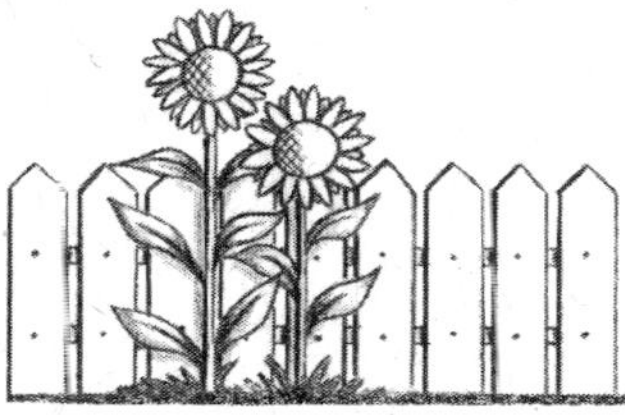

Lösungsvorschlag Station 12 – Was krabbelt denn da? (Teil 1)

Diese Tiere krabbeln auf unserem Schulgelände über die Erde:

Schnecken mit und ohne Häuschen, Käfer, Fliegen, Ohrwürmer, Ameisen

Hier habe ich eines dieser Tiere gezeichnet:

Zeichnung des Kindes

Name des Tieres: **Ameise**

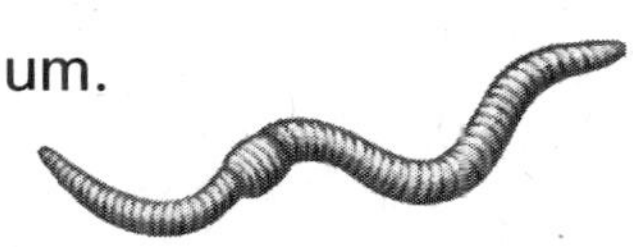

Mit einer Schaufel oder einem Spaten graben wir ein Stück Erde um.
Diese Tiere finden wir dabei in der Erde:

Regenwürmer, Asseln, Nacktschnecken, Ameisen, Käfer

Hier habe ich aufgezeichnet, wie diese Tiere in der Erde leben:

Zeichnung des Kindes

Lösung Station 12 – Was krabbelt denn da? (Teil 2)

Versuche:

Ihr braucht zwei Blumentöpfe mit einem Loch im Boden, eine Schaufel, zwei kleine Zweige, Erde und eine Gießkanne mit Wasser.

1. Füllt den ersten Eimer locker mit Erde und steckt einen Zweig hinein.
   Füllt den zweiten Eimer mit Erde und presst sie zusammen, so fest ihr könnt.
   Steckt auch hier einen Zweig in die Erde.
   Was stellt ihr fest?

Es ist viel leichter, den Zweig in die lockere Erde zu stecken als in die fest zusammengepresste Erde.

2. Gießt nun in beide Blumentöpfe Wasser mit der Gießkanne.
   Was stellt ihr fest?

Durch die lockere Erde läuft das Wasser leicht hindurch bis zum Boden. Auf der fest zusammengepressten Erde bleibt das Wasser zuerst oben stehen und sickert nur langsam in die Erde hinein. Der Boden bleibt trocken.

Pflanzen möchten ihre Wurzeln möglichst weit im Boden ausbreiten.
Mit den Wurzeln hält sich die Pflanze im Boden fest.
Durch die Wurzeln nimmt die Pflanze aber auch Luft und Wasser auf.

Pflanzen können am besten dort wachsen, wo der Boden **locker** ist. Tiere, die **in der Erde** leben, helfen dabei, dass der Boden **locker** wird, indem sie **hindurchkrabbeln oder -kriechen**.